AF176097

Reiseführer Travemünde (Ostsee)

Urlaub in Schleswig-Holstein

von

Stefan Wahle

und

Tanja Wahle

Impressum

©2020-2021 Copyright by Stefan Wahle, Berlin
2. Auflage 2021

Herausgeber: „Buch Guru Media" ®

Texte: Stefan und Tanja Wahle
Fotos : Stefan Wahle, Berlin

E-Mail: info@sw-reisebuch.de
Internetseite: www.sw-reisebuch.de

Fan-Page zum Buch bei Facebook:
http://www.facebook.com/travemuende.reisen

Herstellung und Verlag: BoD - Books on Demand,

Norderstedt

ISBN: 978-3-7519-5269-9

Inhaltsverzeichnis

1. Vorwort

„Der Ort"

Fangen wir an mit ein paar Basisinformationen, wie sie in jeden Reiseführer gehören, denn Reisen soll ja auch bilden:
Der Ort Travemünde ist seit 1913 ein Stadtteil der Hansestadt Lübeck in Schleswig-Holstein mit der Postleitzahl 23570 (Telefonvorwahl: 04502). Er hat ca. 14.000 Einwohner und liegt an der Ostsee sowie an der Mündung des Flusses Trave ca. achtzehn Kilometer von der Innenstadt Lübecks entfernt. Die Halbinsel Priwall zählt zu Travemünde und grenzt direkt an Mecklenburg-Vorpommern. Die Dörfer Brodten, Teutendorf und Ivendorf wurden 1935 eingemeindet.

Die Gründung Travemündes erfolgte im Jahr 1187. Im Jahr 1226 sicherte Kaiser Friedrich II. im Reichsfreiheitsbrief der Stadt Lübeck die Rechte an diesem Ort zu. Es dauerte noch einmal bis 1329, bis Travemünde endgültig in den Besitz der Stadt überging und dann letztendlich 1913 eingemeindet wurde.
1802 wurde der offizielle Titel „Seebad" zugesprochen.

Es gibt zwei Promenaden. Zum einen die Travepromenade (Bild 1) beginnend am Lokal Gosh entlang des Flusses Trave bis zur Mündung in die Ostsee. Hier liegen auf der Wasserseite Segelboote, die Lotsenboote und die Seenotrettungsboote der Deutschen Gesellschaft zur Rettung Schiffbrüchiger (Bild 2) sowie die Personenfähre zum Priwall (Bild 3) und auf der

Landseite gibt es einige schöne Restaurants und ein Café der Junge Bäckerei. Von Zeit zu Zeit sind hier auch Verkaufsbuden aufgebaut.

Biegt man am Ende der Travepromenade an der Mündung nach links ab, schließt sich die Strandpromenade (Bild 4) an. Sie wurde 1904 eingeweiht und zwischen 2010 und 2012 aufwendig saniert. Die Promenade ist sehr breit und lädt zum Flanieren ein. Einige Hotels und diverse Lokale liegen an ihr. Hier kann man mit Blick auf das Meer, das Strandleben und den Schiffsverkehr verweilen. Am nördlichen Ende geht es den Hügel hinauf in die naturbelassene Landschaft des Brodtener Ufers (Bild 5) über die Hermannshöhe (Bild 6) bis nach Niendorf.

Einige Highlights in Kürze vorab:
- alter Leuchtturm, erbaut 1539, 31 Meter hoch, 142 Stufen, außer Betrieb seit 1972 aufgrund des davor erbauten Maritim Hotels, das die Sicht verdeckt; der Turm kann besichtigt werden, www.leuchtturm-travemuende.de, Am Leuchtenfeld 1, Eintritt Erwachsene 2 EUR (Bild 7)
- Maritim-Hochhaus bestehend aus einem Hotel, Eigentumswohnungen und einem Café, erbaut Anfang der 1970er Jahre, mit 125 Meter Gesamthöhe höchstes Gebäude Schleswig-Holsteins, im 36. Stock befindet sich das neue Leuchtfeuer (Bild 8)
- die Nordermole, mit dem grünen Leuchtturm am Ende, ragt an der Mündung der Trave bis in die Ostsee hinein (Bild 9)

- auf der anderen Seite der Trave am Priwall liegt die 1911 von Blohm & Voss erbaute 115 Meter lange Viermastbark Passat und kann als Museumsschiff besichtigt werden; Erwachsene zahlen 4,00 EUR, Kinder 2,00 EUR Eintritt (Bild 10)
- an der Strandpromenade liegend, befindet sich das Grand Hotel, in dem sich bis 2012 das Casino Travemünde befand, erbaut 1913/14 im Jugendstil; hier heiratete 2007 die Moderatorin Gülcan den Sohn des Bäckermillionärs Heiner Kamps live im TV bei ProSieben (Bild 11)
- der Strandbahnhof ist die Endstation der Linie RB86 von Lübeck-Hauptbahnhof nach Travemünde, erbaut 1911-13 im Jugendstil, 2000 aufwendig restauriert; man beachte den schönen Uhrturm mit Anzeige der Abfahrtzeit des nächsten Zuges in Richtung Hauptbahnhof; vor dem Bahnhof fahren diverse Buslinien in die umliegenden Ortschaften (Bild 12)
- Altstadt rund um die St.-Lorenz-Kirche aus dem 16. Jahrhundert (Bild 13)
- Lübsche Vogtei von 1551, war bereits Sitz der Lübecker Stadtherrn, Polizeirevier und beherbergt jetzt ein Restaurant und Ladengeschäft (Bild 14)
- an der Strandpromenade liegt der Brüggemann-garten mit seiner Musikmuschel, in der Kurkonzerte und Events stattfinden (Bild 15)
- hinter dem Möwenstein Parkplatz auf Höhe des Lübecker Yacht-Clubs befindet sich im Wasser am Ufer liegend der legendäre Mövenstein, der immer weiter im Sand versinkt (Bild 16)

- evangelische Kirche St. Lorenz (Bild 17), Sankt-Lorenz-Straße, Ecke Torstraße
- katholische Kirche St. Georg (Bild 18), Rose 32
- Gedenkstein für die in der Lübecker Bucht bestatteten Verstorbenen am Brodtener Ufer (Bild 19), auf dem Weg von Travemünde in Richtung Hermannshöhe
- Godewind Park (Bild 20), zwischen den Straßen Godewind/Fallreep; hier finden hin und wieder Veranstaltungen statt und der Park lädt mit seinen Bänken zum Verweilen ein. Jedes Jahr sind hier Wildgänse mit ihren süßen Kindern zu beobachten.
- Kreuzfahrtterminal zwischen Vorderreihe und Trave (Bild 21); wenn gerade kein Kreuzfahrtschiff anlegt, finden dort Veranstaltungen oder Sonderverkäufe von Outlets statt
- Seebad am bzw. im Hotel Aja (Bild 22); Strandpromenade an der Mündung der Trave; über den Zugang durch das Nivea-Haus kann man das Schwimmbad (innen und außen) und den Saunabereich des Hotels gegen Entgelt nutzen (https://www.seebad.de/travemuende.html)
- Skulptur „Horizonte" in der Ostsee an der Strandpromenade (Bild 23); erstellt von Rolf Stahr aus Münster (www.rolf-stahr.de)
- Einkaufsstraße und Flaniermeile „Vorderreihe" entlang der Trave (Bild 24)

8

1 Travepromenade kurz hinter Gosh mit Blickrichtung Ostsee

2 Lotsenboote an der Mündung der Trave in die Ostsee

3 Personenfähre an der Mündung der Trave zum Priwall

4 Strandpromenade in Höhe des Seebades

5 Brodtener Ufer

6 Hermannshöhe am Abend; Restaurant/Café mit Aussicht auf die Bucht

7 Alter Leuchtturm

8 Hotel Maritim von der Strandpromenade aus

9 Nordermole

10 Passat

11 Ehemaliges Casino, jetzt Atlantik Grand Hotel Seeseite

12 Strandbahnhof mit Busbahnhof davor

13 Altstadt mit Kirche St. Lorenz im Hintergrund

14 Vogtei

15

15 Musikmuschel im Brüggemanngarten

16 Mövenstein beim Lübecker Yacht-Club

17 Evangelische Kirche St. Lorenz

18 Katholische Kirche St. Georg

19 Gedenkstein am Brodtener Ufer

20 Godewind Park

21 Kreuzfahrtterminal zwischen Vorderreihe und Trave

22 Seebad am bzw. im Hotel Aja

23 Skulptur „Horizonte" in der Ostsee an der Strandpromenade

24 Blick in die Vorderreihe auf Höhe Hotel Deutscher Kaiser

2.   Anreise
2.1.   Zug, Bus

Von Lübeck-Hauptbahnhof fährt stündlich die RB86 oder zeitweise der RE8 (Mai bis Oktober an Samstagen, Sonn- und Feiertagen) in ca. 25 Minuten über die Haltestellen Dänischburg, Kücknitz, Skandinavienkai, Travemünde-Hafen bis Travemünde-Strand.

Vom ZOB am Hauptbahnhof fahren die Bus-Linien 30, 31 und die Schnellbuslinie 40 der LVG nach Travemünde. Sie brauchen jedoch fast doppelt so lang wie die Bahn. Die Linie 40 fährt dann noch weiter über Niendorf, Timmendorfer Strand bis nach Scharbeutz. Die Linie 33 bringt Sie bei Bedarf nach Bad Schwartau.

2.2.   Auto

Aus Richtung Lübeck auf der A1 kommend erreicht man über die abzweigende A226 und dann folgend die ausgebaute Bundesstraße 75 Travemünde. Der Ort ist ca. 18 Kilometer von der Lübecker Innenstadt entfernt.

Mit den nordwestlich gelegenen Orten ist Travemünde über die Bundesstraße 76 verbunden.

Sofern Sie nicht die Parkmöglichkeiten der Hotels und Ferienwohnungen nutzen, folgen Sie am besten den Schildern des Parkleitsystems, die die frei verfügbaren Plätze an den verschiedenen Standorten ausweisen.

2.3.   Fähre

25 Fähre fährt am Strand vorbei die Trave hinauf

Am Skandinavienkai legen diverse Fähren aus Finnland, Schweden und dem Baltikum an. Hier gibt es eine eigene Haltestelle der Regionalbahn und eine Ausfahrt der Bundesstraße 75.

Finnlines von und nach Helsinki und Malmö, www.finnlines.com
Stena Line verbindet mit Lettland, www. stenaline.de
TT-Line von und nach Trelleborg, www.ttline.com

Kreuzfahrtschiffe bis zu 200 Meter Länge und 25 Meter Breite legen im Sommer am Ostpreußenkai direkt an der

Vorderreihe an. Dies ist immer ein Riesenspektakel, des Öfteren auch mit Begleitprogramm! Am besten kann man es vom Café der Bäckerei Junge direkt am Kai bei einem leckeren Cappuccino beobachten.

Von April bis Oktober fahren Personenschiffe auf der Trave in 90 Minuten zwischen Travemünde und Lübeck-Innenstadt.

Über die Trave fahren an zwei Standorten Fähren zum Priwall. Am Turm der Schiffsverkehrszentrale fährt die Personenfähre im Sommer rüber zum Strand. Die kombinierte Personen- und Autofähre fährt in Höhe der St.-Lorenz-Kirche zur gegenüberliegenden Seniorenresidenz Rosenhof.

2.4.   Flugzeug

Der Flughafen Lübeck ist zurzeit nicht in Betrieb. Der nächstgelegene Flughafen befindet sich in Hamburg-Fuhlsbüttel. Von da aus nehmen Sie die S-Bahn S1/S11 zum Hauptbahnhof, dann den RE8 nach Lübeck und weiter mit der RB86 nach Travemünde. Insgesamt eine längere Tour von ca. 2 bis 3 Stunden, je nach Anschluss.

2.5.   Fahrrad

Es gibt verschiedene Möglichkeiten, von Lübeck-Innenstadt nach Travemünde mit dem Fahrrad zu gelangen. Die schnellste Route ist entlang der B75, wobei die Trave durch den Herrentunnel unterquert werden muss. Dafür ist jedoch die Nutzung des Busshuttles erforderlich. Wer den Tunnel umgehen möchte, nimmt die etwas längere Route „**Alte Salzstraße**". Dabei wird eine Kurve der Trave westlich umfahren. Dieser Weg ist nicht der direkte, aber dafür der schönere Weg!

Aus dem Osten gelangt man auf dem **Ostseeküsten-Radweg** von der polnischen Grenze über Greifswald, Stralsund, Warnemünde und Wismar nach Travemünde. Von der anderen Seite aus dem Westen führt der gleiche Radweg von Dänemark über Flensburg, Kiel, Heiligenhafen, Neustadt in Holstein und Timmendorfer Strand zum Ziel.

3. Hotels
3.1. Aja Resort Travemünde

Das Aja Resort Travemünde wurde 2018 neu eröffnet. Es verfügt über 242 Zimmer und 12 Suiten auf 7 Etagen, 3 Fahrstühle und liegt direkt an der Ostsee (20 m zum Strand) sowie an der Mündung des Flusses Trave. Die Zimmer haben entweder Meer- (gegen Aufpreis) oder Flussblick. Die Matratzen sind fest sowie rückenfreundlich und es gibt zwei unterschiedliche Kissen. Im Zimmer stehen ein Sofa, ein Sessel und ein kleiner Tisch. Der Kleiderschrank ist offen, es gibt aber diverse Schubladen und einen weiteren Schrank unter der Glaswand zum Bad. Ein Telefon gibt es auf Anfrage. Freies WLAN ist im gesamten Hotel verfügbar. Wertsachen können im Safe an der Rezeption deponiert werden. Dort befindet sich auch ein 24 h Smart Markt für Getränke, Snacks und andere Dinge des Bedarfs. Ein Garagenplatz kostet 13,-- EUR pro Tag und befindet sich gleich nebenan (20 Meter) im Maritim Hotel. Dem Resort ist ein Nivea-Haus, eine 2.000 qm Badewelt mit beheiztem Außen- und Innenpool, ein Saunabereich und ein Fitnesscenter mit Kraft- und Cardiogeräten angeschlossen. Im Restaurant werden das Frühstück und das Abendessen in umfassender Buffetform angeboten. In der Bar werden Starbucks Produkte und leckere Cocktails offeriert. Nutzen Sie unbedingt die obere Etage mit Aussicht! Im Sommer kann man seinen Kaffee auf der Außenterrasse mit Ostseeblick genießen. Leider gibt es keinen Balkon und keine Klimaanlage! Check-in ab 15 Uhr, Check-out bis 11 Uhr. Am Leuchtenfeld 7, 750 m zum Strandbahnhof Travemünde; Tel.: 04502 - 8864 2526; Buchung: 040 – 7972 - 412866

26 Zimmer mit Traveblick auf Priwall und Passat

27 Bad

3.2.   A-Rosa Resort im alten Kurhaus-Hotel

Im alten Kurhaus-Hotel am Kalvarienberg befindet sich nach der Renovierung seit August 2005 das A-Rosa Resort Hotel mit 191 Zimmern und Suiten, drei Restaurants, acht Veranstaltungsräumen und einem SPA über zwei Ebenen auf 4.500 qm.

Die großzügige Poollandschaft bietet zahlreiche Möglichkeiten zur Entspannung und Aktivität: Ein beheizter Meerwasserpool (innen 10x15 Meter und außen 20x12 Meter) sowie ein 33 Grad warmes Bewegungsbecken lassen keine Wünsche offen. In der textilfreien Saunalandschaft mit finnischer Sauna, Bio-Sauna, Himalaya-Salzsauna, Eukalyptus-Dampfbad, Zitrus-Dampfbad und Eisbrunnen erwartet Sie das SPA-ROSA mit einer Bandbreite von traditioneller Saunakultur über Erlebnis-Specials bis hin zu außergewöhnlichen Aufgüssen und Zeremonien aus aller Welt. Als Alternative zur textilfreien Saunalandschaft kann die Familiensauna im Poolbereich in Badekleidung genutzt werden.

Saisonabhängig mit bis zu 200 Mitarbeitern kümmert man sich im Hotel um Ihr Wohlbefinden.

Die Anreise kann ab 15.00 Uhr erfolgen und das Zimmer muss bis 11.00 Uhr geräumt werden. Ein Parkplatz kostet 15 EUR pro Fahrzeug und Tag (Parkhaus und Außenstellplatz). Im Zimmer gibt es einen Safe und weitere Möglichkeiten der Wertsacheneinlagerung an der Rezeption.

Außenallee 10, Zufahrt über Straße „Am Kurgarten"

Tel:+49 4502 3070-705, Fax:+49 4502 3070-700, E-Mail: travemuende@a-rosa.de

28 Seeseite altes Kurhaus + A-Rosa Hotel Neubau, Außenallee 10

29 Seitlicher Eingang A-Rosa Hotel Neubau: Am Kurgarten

3.3. Maritim Strandhotel Travemünde

Wir waren zu Weihnachten 2019 zum Test in diesem 13-stöckigen Hotel mit 240 Zimmern und Suiten und hatten über Booking.com gebucht. Der Altersdurchschnitt betrug 70 Jahre plus! Mit Mitte fünfzig waren wir die jüngsten Gäste. Unser 28-qm-Zimmer lag im 8. Stock mit einem wunderbaren Blick vom Balkon auf den Strand, die Mündung der Trave und über das Aja Hotel hinweg auf die Passat. Zimmer und der 1.100 qm große SPA-Bereich dieses Hotels aus den Siebzigern sind modernisiert. Es gibt ein Sanarium (65 Grad C) und eine mit einem 80-Grad-Schild ausgezeichneten Sauna, deren gemessene Temperatur 96-Grad betrug. Es gab nur insgesamt sechs Liegen in zwei Ruheräumen, aber es war wenig los und daher war dies kein Problem. Der Innenpool ist 8 x 12 m groß. Etwas befremdlich war, dass man im Bademantel mit dem Fahrstuhl nicht direkt vom Zimmerstockwerk auf die SPA-Ebene fahren konnte. Man muss in der Lobby im Bademantel aussteigen und dann links um die Ecke in einen anderen Fahrstuhl wechseln! Vom Frühstückraum im Erdgeschoss hat man einen wunderbaren Blick auf den Strand.

Zimmerausstattung:
Kostenloser Tresor, Minibar, LAN-Internet, Flachbildfernseher, Telefon und Balkon. Es wird ein Zimmerservice angeboten. Es gibt eine Tiefgarage mit 400 Plätzen. Das Restaurant und Café „Über den Wolken" in 115 m Höhe hatte leider bei unserem Besuch noch geschlossen. Die voraussichtliche Wiedereröffnung

erfolgt irgendwann 2020. Es gibt noch die Bierstube „Pub" mit Sommerterrasse und die Bar „Night Sailer" mit Live-Musik.

Trelleborgallee 2, Tel. 04502 – 890
Reservierung: 0800 – 3383 344,
reservierung.trv@maritim.de

30 Zimmer

31 Bad

3.4.   Atlantic Grand Hotel

Dieses 5-Sterne Hotel im alten Casino hat 72 Zimmer und Suiten in den drei Einrichtungsstilen „Klassisch", „Landhaus" sowie „Modern" und eine Terrasse mit Ostseeblick, direkt an der Strandpromenade gelegen. Ein besonderes Highlight ist der prachtvolle Ballsaal von 1914 mit Platz für bis zu 400 Personen.
Der große SPA-Bereich verfügt über ein 20 m Schwimmbecken, eine 90 Grad finnische Sauna, ein 60 Grad Sanarium und zwei Dampfbäder (45/55 Grad).
Sehr lecker ist auch das Eis aus der hauseigenen Diele mit Straßenverkauf (Zugang über Bertlingstraße)!
Kaiserallee 2, Tel. 04502 – 3080,
https://www.atlantic-hotels.de/grand-hotel-travemuende/

3.5.   Hotel Strandschlösschen

In einer historischen Villa von 1904 direkt an der Strandpromenade liegt das 3-Sterne Hotel Strandschlösschen mit 31 Zimmern.

Das Restaurant „Villa Mare" gehört zum Hotel Strandschlösschen und befindet sich in nur 70 Metern Entfernung, nördlich direkt an der Strandpromenade. https://villa-mare-ostsee.de/

Hotel Strandschlösschen, Strandpromenade 7, Tel. 04502 – 75 035,
www.hotel-strandschloesschen.de

3.6.   Slow Down Hotel auf dem Priwall

Dieses Hotel liegt auf dem Priwall mit direktem Blick auf die Passat und wurde erst im Januar 2020 neu eröffnet. Kaum eröffnet, wurde es aufgrund der Corona Pandemie kurze Zeit später wieder geschlossen.
Wir haben das Hotel im Juli 2021 getestet.

Die 110 Zimmer unterscheiden sich in:
- Komfort-Zimmer: Doppelzimmer mit Südbalkon, Biokamin, TV- und Musikanlage, Küchenzeile, Dampfbad mit Doppelregendusche
- Superior-Zimmer: Wohn- und Schlafbereich mit Südbalkon oder Balkon-Wasserblick, Biokamin, TV- und Musikanlage, Küchenzeile, Dampfbad mit Doppelregendusche
- Penthouse-Suiten: separater Wohn- und Schlafbereich mit Wintergarten, Balkon und Wasserblick, Biokamin, TV- und Musikanlage, Küchenzeile, Dampfbad mit Doppelregendusche, Sauna und Whirlpool

Die Gastronomie gliedert sich in das „Tapas Olé" mit spanischer Küche, der „Kamin Lounge" als Bar, der „Baykery" als Café und Bäcker und der „Wein Bar". In der Nähe befindet sich auch das Szene-Restaurant „Ahoi by Steffen Henssler".
Das Bay Spa im Slow Down bietet kurze intensive Massagen oder nachhaltige Beauty-Behandlungen sowie eine Saunawelt mit Sanarium, finnischer Sauna und Dampfsauna mit Indoor- und Outdoor-Oase.

34 Zimmer mit Blick auf die Trave und die Passat

35 Bad mit separatem WC und Dampfbad-Dusche-Kombination

4.   Strände
4.1.   Travemünde

36 Strand mit viel Platz für Strandkörbe und Freiliegende

Der Strand an der Promenade von Travemünde ist 1,7 Kilometer lang und sehr breit. Er bietet genug Platz für Strandkörbe und Freiliegende. Strandduschen und Toiletten sind vorhanden. Entlang der Strandpromenade gibt es eine gute Infrastruktur von Lokalen, Cafés und Hotels.

Die Benutzung des Strandes ist in der Saison (15. Mai bis 14. September) jedoch gebührenpflichtig. Eine Tageskarte kostet stolze 2,80 EUR (ab 15.00 Uhr 1,40 EUR). Ostseecard-Inhaber sind befreit.

Die Hauptbadesaison ist von Juli bis August mit einer Wassertemperatur von ca. 20 Grad.

4.2.   Priwall

37 Priwall gegenüber von Travemünde

Um zum Strand am Priwall zu kommen, müssen sie zuerst die Trave überqueren. Der kürzeste Weg ist die Personenfähre am Kontrollturm der Schiffsverkehrs-zentrale. Sie verkehrt tagsüber zwischen März und Oktober. Die einfache Fahrt kostet 1,40 EUR für Erwachsene, Kinder 0,90 EUR. Eine ganzjährig verkehrende Autofähre fährt vom Hafenplatz zum Rosenhof gegenüber. Der Strand ist schön breit und bietet viel Platz. Die Infrastruktur ist etwas dünner gesät im Hinterland. Es gibt einen Bereich für Hunde und für FKK.

4.3.   Brodtener Ufer

38 Steilküste mit wildem Strand zwischen Travemünde und Niendorf

Zwischen Travemünde und Niendorf liegt auf ca. vier Kilometern das Brodtener Ufer mit Steilküste und wildem Strand, der gebührenfrei betreten werden darf. Dafür ist er naturbelassen / ungepflegter und es gibt keine Infrastruktur, außer dem schönen Ausflugslokal auf halber Strecke an der Hermannshöhe. Angrenzend liegt ein 27-Loch-Golfplatz mit einer Fläche von 130 Hektar, der bereits 1921 gegründet wurde und damit zu den ältesten Golfplätzen in Deutschland zählt.

5.   Lokale

Cafés
Gelateria Campion
In diesem familiengeführten, italienischen Eiscafé kann man im Außenbereich auf beiden Seiten der Straße Vorderreihe sitzen. Man hat bei leckerem Eis und Kaffee einen schönen Blick auf die Trave und die vorbeiziehenden Schiffe.
Vorderreihe 59, Tel. 4502 – 26 77,
www.gelateria-campion.de

Hermannshöhe Erlebniscafé
Am Brodtener Steilufer auf dem halben Weg nach Niendorf liegt dieses Café mit einem großen Außenbereich und Panoramablick auf die Lübecker Bucht. Im Sommer an Wochenenden sehr voll!
Do + Fr ab 11 Uhr geöffnet, Sa + So Frühstücksbüfett von 8 bis 11 Uhr für 14,90 EUR pro Person. Tel. 04502 888 5425, www.die-hermannshoehe.de

Junge Bäckerei
Allein in Travemünde verfügt die Bäckerei Junge über vier Standorte. Schönes Ambiente, Kuchen und Kaffeespezialitäten laden zum Verweilen ein. Zu empfehlen sind insbesondere die Nussmarzipantorte und der Mandarinenkäsekuchen.

Lieblingsplatz – Meine Strandperle
In der Kaiserallee Nummer 10 und direkt an der Strandpromenade in der Nähe der DLRG-Station liegt dieses Lokal. Man kann im Außenbereich direkt an der

Promenade mit Blick auf den Strand und das Meer sitzen. Die erste Reihe, um das bunte Treiben bei einem Kaffee beobachten zu können.
Tel. 04502 – 888 9707, www.lieblingsplatz-hotels.de

Niederegger
Hier gibt es die Original Nussmarzipantorte! Insgesamt aber leider nicht ganz billig! Angeschlossen ist auch ein Geschäft, wo es die diversen Marzipanspezialitäten zu erwerben gibt.
Vorderreihe 56

Kneipen
Bierstube Runge
17-24 Uhr
Rose Ecke Kurgartenstraße

Pinte Travemünde P2
Moderne Kneipe mit kleinem Außenbereich, Sky Lounge, Mo-Fr ab 17 Uhr, Sa+So ab 12 Uhr; manchmal wird der Grill angeworfen
Rose 20

Restaurants
Bella Vista al mare Italiener (Marco Ceccaroli)
Hier gibt es solide Pizza ab ca. 10 EUR.
Auch Außer-Haus-Bestellungen möglich
Kaiserallee 1, Tel. 04502 – 713 23, Fax 88 09 79
info@bellavista-travemuende.de

Casablanca Ristorante Italiano

Nicht gerade günstig, aber qualitativ auf hohem Niveau; Fleischgerichte ca. 25 EUR; hier isst die Highsociety von Travemünde!
Insbesondere abends wird eine Reservierung empfohlen.
Vorderreihe 13, Tel. 04502 – 3631, Fax 88 88 97

Fisch Kombüse

Wie der Name schon sagt, gibt es in diesem gut besuchten Restaurant Fisch. Aber auch die Putenschnitzel für 13,50 EUR sind sehr zu empfehlen.
Vorderreihe 11

Kaisergarten

Der Kaisergarten ist der Außenbereich gegenüber dem dazugehörigen Landungsbrücken Restaurant direkt an der Trave gelegen und teilweise überdacht. Man hat einen schönen Blick auf die Trave und es gibt günstige Tagesangebote. Bei unserem Test vor Ort gab es ein sehr leckeres Seelachsfilet mit Beilagen für 9,90 EUR.
Vorderreihe 52, Tel. 04502 – 41 99,
www.landungsbrücken-restaurant.de/kaisergarten/

Traveblick Restaurant & Café

Auf einem Ponton schwimmt dieses Restaurant auf der Trave. Auf zwei Etagen überdacht und auf einer Sonnenterrasse ist man mitten im Geschehen der vorbeiziehenden Schiffe. Hier gibt es lecker Fisch zu moderaten Preisen.
Gegenüber Vorderreihe 55

KYMATA, griechisches Restaurant
Mittagstisch für unter 10 EUR inkl. Vorsuppe und Nachtisch. Wenn einen der Hunger nach Gyros und Co. packt....
Sehr lecker auch die Fleischgerichte mit der Metaxa-Soße.
Rose 7, Tel. 04502 – 88 69 499

6. Ausflüge / Touren

6.1. Mit dem Fahrrad nach Scharbeutz

Eine Strecke 15 Kilometer, ca. 1,5 Stunden an der Küste entlang über Hermannshöhe, Niendorf, Timmendorfer Strand bis Scharbeutz.

6.2. City Lübeck mit dem Schiff

Der Ausflug mit dem Schiff der Hanseschifffahrt in die Innenstadt nach Lübeck (Bild 37) startet an der Kaiserbrücke in Travemünde und dauert ca. 90 Minuten. Täglich finden ca. 5 Fahrten jeweils in beide Richtungen statt. Die Einzelfahrt für Erwachsene kostet 12,50 EUR. www.hanse-travemuende.de, Tel. 0163 – 5475 773

Wir haben die Kirche St. Marien zu Lübeck besucht. Sehr sehenswert sind dort die Kemper-Orgel, die Glocken-Kapelle (Bild 38), das Taufbecken, die Marientiden-Kapelle mit dem Antwerpener Altar und vieles mehr. Der Bau begann bereits um das Jahr 1200. Zu finden direkt neben dem Rathaus, Marienkirchhof 1. www.st-marien-luebeck.de

In der Mengstraße 4 befindet sich das Buddenbrookhaus mit der Dauerausstellung „Die Manns – eine Schriftstellerfamilie" und „Die Buddenbrooks – ein

Jahrhundertroman". Mo – So, 10 – 18 Uhr, Eintritt und Führung 11 EUR.

Im Haupthaus von Niederegger in der Breite Str. 89 gibt es mit Zugang über das Café im ersten Stock ein Marzipanmuseum (Bild 39) mit der Geschichte der Marzipanherstellung in Lübeck.
Der Dom in Lübeck ist sehr prunkvoll gestaltet und einen Besuch wert (beispielhaft Bild 40, das Taufbecken). Der Eintritt ist kostenlos.

Adresse: Domkirchhof

39 Einfahrt mit dem Schiff in die Altstadt von Lübeck

40 Glocken-Kapelle

41 Marzipanfiguren im Niederegger-Museum

42 Taufbecken im Dom

6.3. Hansa-Park – Ein Ausflug für die ganze Familie

1973 wurde der Familienpark „Legoland" eröffnet und 1977 zum Themenpark „Hansaland" weiterentwickelt. 1987 erfolgte dann die Umbenennung in Hansa-Park.

Über die Jahre wurde immer weiter am Park gebaut und erweitert. Das Gesamtareal umfasst rund 460.000 qm, davon 17.000 qm überdachte Fläche.

Preise:
- ab 12 Jahre 39,50 EUR pro Person (Stand 2020)
- ab 60 Jahre 31 EUR
- weitere Preise auf der Internetseite des Parks

In diesem Themen- und Familienpark gibt es 37 Fahrattraktionen (davon 7 Achterbahnen), Themenbereiche und Shows, direkt am Meer gelegen.

April – Oktober: 9 – 18 Uhr,
Am Fahrenkrog 1, 23730 Sierksdorf,
Tel. 04563 – 4740,
www.hansapark.de

Fotos und Erlebnisbericht folgen!

www.reise-blog-wahle.de

7. Karten

Travemünde
„© OpenStreetMap-Mitwirkende" 2019

Priwall
„© OpenStreetMap-Mitwirkende" 2019

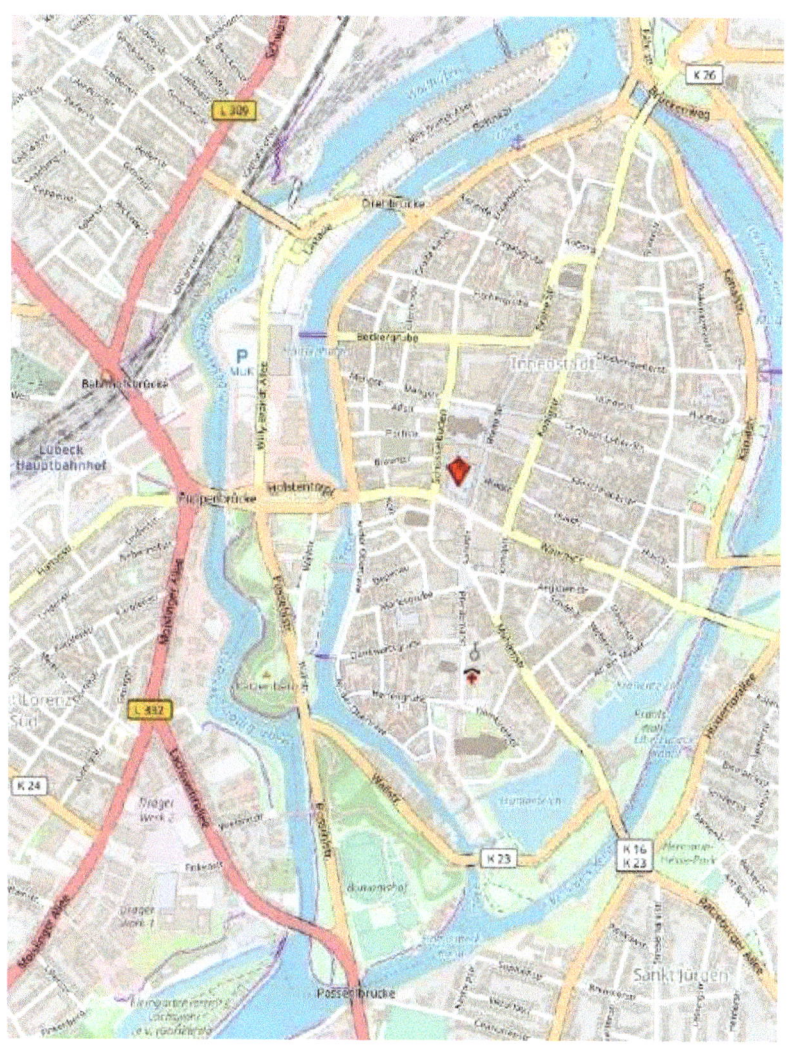

Lübecker Innenstadt
„© OpenStreetMap-Mitwirkende" 2019

8. Wichtige Kontakte + Feste von A - Z

Ärzte

Dr. S. Kunzendorf und Dr. D. Stamm, Hausarztpraxis
Moorredder 35, Tel. 04502 / 72526, www.praxis-kunzendorf.de/

Lars-Ulrich Cortes Rosa, Hausarztpraxis
Moorredder 34, Tel. 04502 – 88 97 970,
www.gesundheitspraxis-schlehdorn.com

Nils Tittel, Zahnarzt
Finnlandstr. 3, Tel. 04502 - 71 0 72, www.zahn-nt.de

Apotheken
Kur-Apotheke
Kaiserallee 3a, Tel. 04502 – 733 51

Nordland-Apotheke
Vorderreihe 39, Tel. 04502 – 2211

Panda Apotheke
Vorderreihe 45, Tel. 04502 – 2760, Fax 04502 – 4857

Hafenrundfahrt mit MS Marittima
An der Überseebrücke 2 an der Promenade können Sie mit der MS Marittima zu einer etwa einstündigen Bootsfahrt ablegen. Es erfolgt eine Hafenrundfahrt mit einem kurzen Abstecher auf die Ostsee. Ticket 5-8 EUR. www.marittima-travemuende.de, Tel. 0163 – 5475 773

Ferienwohnungen Vermittlung Michael Iske

Es wird ein umfangreiches Angebot an Ferienwohnungen in Travemünde offeriert. Michael Iske, Kurgartenstr. 91, Tel. 04502 – 777 990,
E-Mail: ferienwohnungen@travemuende.cc
www.travemuende.cc

Hansa-Park Sierksdorf

Themen- und Familienpark mit 37 Fahrattraktionen (davon 7 Achterbahnen) direkt am Meer, April – Oktober: 9 – 18 Uhr, Am Fahrenkrog 1, Sierksdorf, Tel. 04563 – 4740, www.hansapark.de

Holstein Therme Bad Schwartau

Jodsole-Thermalbad mit umfangreichem Day Spa, verschiedene Saunen, Dampfbad, Infrarot-Wärmekabinen und Solarien.
Am Kurpark 3, 23611 Bad Schwartau,
Tel. 0451 – 2004 – 148, www.holstein-therme.de, www.facebook.com/Holstein.Therme

Karls Erlebnisdorf in Warnsdorf

Bauernmarkt, Manufakturen, Attraktionen, Essen & Trinken …
Eintritt frei
Fuchsbergstr. 4 in Warnsdorf zwischen Travemünde und Timmendorfer Strand, Tel. 04502 – 888 432, www.karls.de

Kirchen
Evangelische Kirche (Bild 17)
Kirchengemeinde St. Lorenz in Travemünde

Sankt-Lorenz-Straße Ecke Torstraße
www.kirche-travemuende.de

Katholische Kirche St. Georg (Bild 18)
Gottesdienste Do+Sa 18 Uhr
Rose 32; Tel. 04502 2355

Neuapostolische Kirche
Moorredder 23a, E-Mail: info@nak-nordost.de,
www.Luebeck-Travemuende.nak-nordost.de,
Gottesdienste: Sonntag 10.00 Uhr, Mittwoch 19.30 Uhr

Lichterzauber im Godewindpark
Das Fest der 1000 Lichter mit künstlerischen
Darbietungen, Buden und Feuerwerk im September zum
Ausklang des Sommers und Übergang zum Herbst; Bild
20 zeigt den Park im Normalzustand

Maibaum
Am 01. Mai wird vor der St.-Lorenz-Kirche ein Maibaum
aufgestellt und dort gefeiert.

Ostseestation Priwall
zahlreiche Aquarien, Meeresmuseum, Eintritt
Erwachsene 9 EUR
Priwallpromenade 29-31, Tel. 04502 – 308 705,
www.ostseestation-travemuende.de

Ostsee Therme Scharbeutz
Wasser- und Saunalandschaft mit Strandzugang; 9 – 23
Uhr, Strandallee 143, Scharbeutz, Tel. 04503 – 35260,
www.ostsee-therme.de

Sand Skulpturen Travemünde

Mai – Oktober, Eintritt Erwachsene 9,50 EUR, Auf dem Baggersand 17, www.sandskulpturen-travemuende.de

Seebadfest

Im September findet das Seebadfest auf dem Fährplatz/Vorderreihe statt.
Infos: 0451 – 8899 700, www.travemuende-tourismus.de

Seebadmuseum

In der Torstr. 1 befindet sich auf 160 qm das Seebadmuseum, in dem man sich über die Geschichte Travemündes ab 1802 kundig machen kann. Eintritt Erwachsene 6,-- EUR, März bis Dezember von 11 – 17 Uhr geöffnet (außer montags), Tel. 04502 – 999 8094, www.heimatverein-travemuende.de

Sea Life Timmendorfer Strand

täglich ab 10 Uhr geöffnet,
Kurpromenade 5, Tel. 01806 – 6669 0101, www.sealife.de

SPLASH Tour Lübeck - Ein Erlebnis der besonderen Art

Der Bus, der nicht nur an Land, sondern auch im Wasser fahren kann!
Abfahrtsort: Anleger 2 der Reederei City Schiffahrt H. Gabriel, An der Untertrave Ecke Mengstraße gegenüber Haus Nr. 93, Tel. 0451 – 741 01 oder 0451 – 300 2376, www.splashtour-luebeck.de

Thaimassage

In Travemünde werden diverse Massagearten angeboten: siamesisch, mit Aromaöl, schwedisch, ayurvedisch, indisch, Hot Stone, Fußreflexzonen....
Preise: 35 bis 95 EUR
Sri Waree Thaimassage und Wellness,
Vorderreihe 56/57, Möwengasse
Tel. 04502 - 85 80 818, Handy 0152 – 563 966 86,
www.sriwareethaimassage.de

Touristeninformation

Lübeck und Travemünde Tourist-Service GmbH,
im Strandbahnhof, Bertlingstraße 21
Tel.: 0 18 05 / 88 22 33 (0,14 € / Min.)
info@luebeck-tourismus.de
www.travemuende.de/tourismus/index.html

Travemünder Woche

Jedes Jahr findet im Sommer unter Leitung des Lübecker Yacht Clubs die Travemünder Woche mit Segelregatta und jede Menge Budenzauber entlang der Trave und auf der Strandpromenade statt.
www.travemuender-woche.com

Weihnachtsmarkt

Im Dezember findet an den Wochenenden im Kreuzfahrtterminal am Ostpreußenkai ein Weihnachtsmarkt für Kunsthandwerk statt.

Vogelpark Niendorf

Dieser Vogelpark mit 1.200 Vögeln in über 100 Gehegen und Volieren auf einem 70.000 qm Gelände befindet sich im Nachbarort Niendorf (Timmendorfer Strand). Er ist ganzjährig geöffnet. An der Aalbeek, Tel. 04503 – 4740, www.vogelpark-niendorf.de

Yoga Zentrum Travemünde
Vorderreihe 56/57, Tel. 04502 – 857 4080, www.yogazentrum-travemuende.de

Reiseführer des Autorenteams Wahle gibt es zurzeit zu den Reisezielen Cala Ratjada (Mallorca), Palma de Mallorca, Dénia (Costa Blanca) und jetzt Travemünde (Ostsee):

www.sw-reisebuch.de

Sonstige Bücher:

www.buch.guru

Reiseberichte:
www.reise-blog-wahle.de